Mi vida con
un pariente
en las
fuerzas armadas

escrito por **Mari Schuh** • arte por **Alice Larsson**

ILLUSTRATED

Publicado por Amicus Learning, un sello de Amicus
P.O. Box 227, Mankato, MN 56002
www.amicuspublishing.us

Editora: Rebecca Glaser
Diseñador de la serie: Kathleen Petelinsek
Diseñador de libro: Lori Bye

Library of Congress Cataloging-in-Publication Data
Names: Schuh, Mari C., 1975- author. | Larsson, Alice, illustrator.
Title: Mi vida con un pariente en las fuerzas armadas / Mari Schuh, Alice Larsson.
Other titles: My life with a parent in the military. Spanish
Description: Mankato : Amicus Learning, 2024. | Series: Mi vida con... | Includes bibliographical references and index. |
Audience: Ages 6–9 | Audience: Grades 2–3 | Summary: "Meet Gracen! She likes karate and ice skating. Her dad is in the
military. Gracen is real and so are her experiences with moving often and having her dad away from home. Learn
about her life in this Spanish translation for elementary students"—Provided by publisher.
Identifiers: LCCN 2023016874 (print) | LCCN 2023016875 (ebook) | ISBN 9781645498087 (library binding) |
ISBN 9781681529974 (paperback) | ISBN 9781645498124 (pdf)
Subjects: LCSH: Children of military personnel—United States—Juvenile literature. | Families of military personnel—United States—Juvenile
literature. | Moving, Household—Juvenile literature. | Airmen—Family relationships—United States—Juvenile literature. | Separation
(Psychology) in children—United States—Juvenile literature.
Classification: LCC UB403 .S35818 2024 (print) | LCC UB403 (ebook) | DDC
355.1/20973—dc23/eng/20230504
LC record available at https://lccn.loc.gov/2023016874
LC ebook record available at https://lccn.loc.gov/2023016875

Impreso en China

Acerca de la autora

El amor de Mari Schuh por la lectura comenzó con las cajas de cereal en la mesa de la cocina. Actualmente, es autora de cientos de libros de no ficción para lectores principiantes. Con cada libro, Mari espera ayudar a los niños a aprender un poco más sobre el mundo que los rodea. Encuentra más información sobre ella en marischuh.com.

Acerca de la ilustradora

Alice Larsson es una ilustradora originaria de Suecia que vive en Londres. Creativa por naturaleza, le emociona poder conectar los personajes con las historias a través de su trabajo. Aparte de dibujar, a Alice le encanta pasar tiempo con su familia y amigos, además de leer libros y viajar, ya que así desata su creatividad.

¡Hola! Me llamo Gracen. Disfruto del karate, el patinaje sobre hielo y el esquí. También me gusta dibujar. Mi familia es un poco diferente de la mayoría. Mi papá está en las fuerzas armadas. Déjame contarte sobre mi vida.

Mi papá quería ayudar a las personas y servir a su país. Se convirtió en médico de la Fuerza Aérea de los Estados Unidos. La Fuerza Aérea es una rama de las fuerzas armadas.

Papá era el médico de los pilotos de la Fuerza Aérea y su tripulación. Se aseguraba de que se mantuvieran saludables. Ahora, es médico en un hospital de una base militar.

Estar en las fuerzas armadas suele significar mudarse muchas veces. La Fuerza Aérea necesita la ayuda de papá en diferentes lugares. Mi familia y yo nos hemos mudado tres veces. Probablemente nos mudaremos otra vez en unos años.

La última mudanza fue estresante. Tuve que despedirme de todos mis amigos. Luego intenté hacer nuevos amigos. Al principio, esto me ponía nerviosa porque yo era tímida.

Ahora soy más extrovertida, como mi hermano. Jugamos mucho afuera. Así conocemos amigos. Mamá también me ayuda a encontrar nuevos amigos. Ella conoce a otras familias militares. Entonces, todos jugamos juntos.

Mudarse fue difícil, pero la gente hizo que fuera más fácil para mi familia. Cuando nos mudamos a Alaska, no pude traer a mi pez conmigo. Era un viaje demasiado largo para mi pececito. Por eso, una amiga cuidaba de él.

La gente también nos ayudó cuando llegamos a nuestra nueva casa. Nos prestaron muebles hasta que llegara el camión de la mudanza. También, nos dieron comida.

Mudarse significa estar lejos de mis familiares. Extraño a mis abuelos y a mis primos. Les envío dibujos por correo. Hablamos por teléfono. Pero no es lo mismo que estar con ellos en persona.

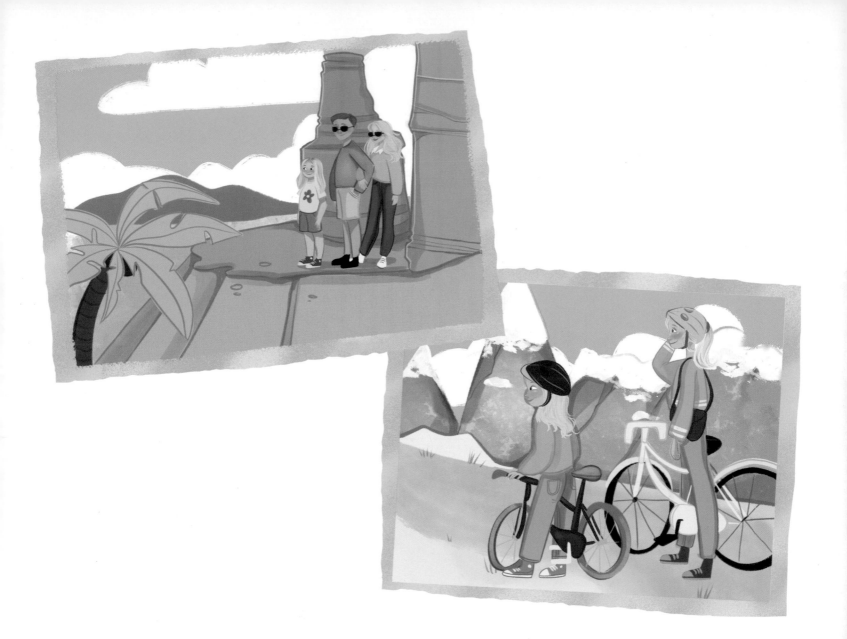

Aunque mudarse no es fácil, tiene algunas cosas geniales.
¡Viajo a lugares nuevos! Exploro diferentes partes de los
Estados Unidos.

Cuando nos mudamos, muchas cosas cambian. Pero otras siguen igual. Siempre que nos mudamos, llevamos con nosotros a nuestros tres perros. No tengo que despedirme de ellos. Eso me ayuda mucho.

A veces, papá tiene que irse lejos para recibir entrenamiento. Y, otras veces, tiene que trabajar en ultramar por corto tiempo. Extraño a papá cuando no está.

Mi abuelita me regaló un oso de peluche. Lleva puesto un uniforme militar. Esto me recuerda a papá y me hace sentir mejor. Cuando papá está lejos, mis abuelitos nos visitan. Eso también me hace sentir mejor.

Cuando papá está lejos, ya quiero que regrese. Muchos de mis amigos tienen padres en las fuerzas armadas. Ellos saben exactamente cómo me siento.

Cuento los días que faltan. Una vez, mi mamá y yo hicimos una cadena larga de papel. Cada eslabón representaba un día. Cada día, quitábamos un eslabón. La cadena se acortaba cada vez más. ¡Podía ver que papá estaria pronto en casa!

La gente de las fuerzas armadas hace muchos sacrificios. Tienen que mudarse con frecuencia. A menudo están lejos de su hogar. No es fácil. Pero me hace apreciar verdaderamente el tiempo que comparto con papá. Todos estamos orgullosos de él por servir a nuestro país.

Conoce a Gracen

¡Hola! Soy Gracen. Vivo en Alaska con mi mamá, mi papá y mi hermano menor. Tenemos tres perros. Hemos vivido en Michigan, Missouri y Texas. Me gusta jugar al fútbol. También me gusta crear cosas con mi bolígrafo 3D, por ejemplo, dinosaurios, bolas de béisbol y corazones. Cuando sea grande, quiero ser veterinaria.

Entender a las familias militares

Un niño o niña que tiene a uno de sus padres en las fuerzas armadas podría estar pasándola mal. Sé amable y comprensivo.

Ayuda a las familias militares que se acaban de mudar. Puedes sugerirles restaurantes que les podrían gustar. También puedes señalarles lugares donde los niños pueden hacer deportes y otras actividades.

No hables de la guerra ni hagas bromas al respecto. No hables de la gente que muere en la guerra.

Trata de no hacer muchas preguntas. En lugar de ello, escúchalos con atención. Deja que las familias militares compartan lo que piensan, si así lo desean.

Las familias militares suelen vivir lejos de sus abuelos y otros parientes. Ofrece ayudarlos si necesitan apoyo.

Palabras útiles

base militar Lugar donde viven quienes pertenecen a las fuerzas armadas y donde se guardan los pertrechos militares.

fuerzas armadas Las fuerzas militares de un país. Las fuerzas armadas de Estados Unidos incluyen la Armada, el Cuerpo de Marines, el Ejército, la Fuerza Aérea y la Guardia Costera.

rama Una de las cinco partes de las fuerzas armadas de Estados Unidos.

sacrificios Cosas a las que alguien renuncia para ayudar a otras personas.

ultramar Al otro lado del océano, en otro país.

23

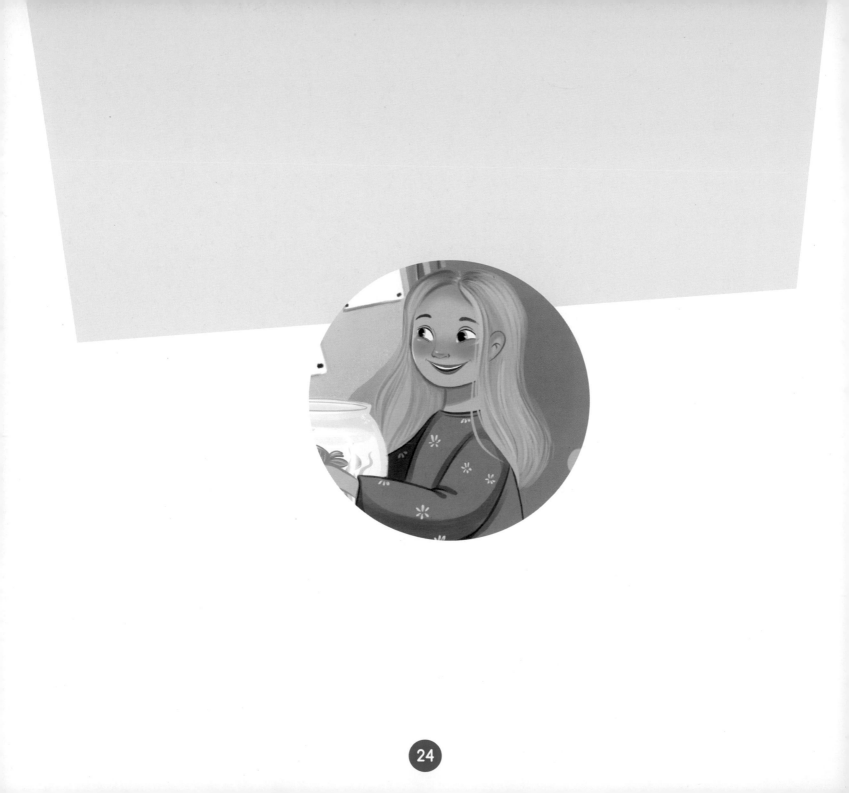